Heute gibt es Fleisch

D1731808

VIELFÄLTIG Ein saftiger Schmorbraten, ein herzhaftes Ragout, ein butterzartes Steak – Genuss kennt viele Varianten. Und mit einem perfekt gegarten Stück Fleisch wird jedes Alltagsmenü zum Festschmaus. Das Geheimnis des Erfolgs liegt in der richtigen Methode der Zubereitung. Ob langsam schmoren, sanft dünsten oder kurz und kräftig braten: In diesem Buch finden Sie 33 verführerische Rezeptvorschläge, gewürzt mit einer Prise Raffinesse, die Abwechslung bringen in die Fleischküche.

Inhalt

42

BRATEN UND SCHMOREN

KALTE FLEISCHGERICHTE

70

Tipps

QUALITÄT: Gutes Fleisch hat eine frische Farbe, keine trockenen Stellen und riecht angenehm. Je nach Stück sollte das Fleisch von kleineren oder grösseren Fetteinschlüssen durchzogen sein.

VORBESTELLEN: Spezielle Stücke wie zum Beispiel Gitzi oder Rollbraten beim Metzger vorbestellen.

AUFBEWAHREN: Rohes Fleisch gehört in den Kühlschrank. Dort ist es gut verpackt ca. 3 Tage haltbar. Vakuumiert hält es sich bei 4 °C ca. 10 Tage. Für eine längere Lagerung das Fleisch in spezielle Gefrierbeutel verpacken und bei −18 °C tiefkühlen.

Vorbereiten und würzen

TEMPERIEREN: Etwa eine Stunde vor dem Kochen das Fleisch aus dem Kühlschrank nehmen, damit es Raumtemperatur hat, wenn es in die Pfanne kommt. Ausnahme: Hackfleisch aus hygienischen Gründen bis zum Kochen kühl lagern.

SALZ: Fleisch, das kurzgebraten wird, erst unmittelbar vor dem Anbraten salzen und würzen. So können die Gewürze ins Fleisch eindringen, ohne dass es Saft verliert. Ausnahme: Leber und Nierli erst nach dem Braten salzen, damit sie nicht hart werden.

MARINADEN UND BEIZEN: Salz entzieht dem Fleisch Flüssigkeit. Deshalb sollte man Marinaden und Beizen kein Salz beigeben. Das Fleisch erst unmittelbar vor dem Zubereiten salzen. Vorsicht bei der Verwendung von Gewürzmischungen, diese enthalten häufig Salz.

Passendes Bratgeschirr

BESCHICHTETE PFANNEN: Besonders gut geeignet zum Kurzbraten. Vorteil: Das Fleisch bleibt beim Anbraten nicht kleben. Die Bratpfanne muss über 200 °C erhitzbar sein.

GUSSEISENPFANNEN: Ideal zum Braten auch bei hohen Temperaturen. Sie geben die Wärme gleichmässig ans Bratgut ab und halten die Temperatur konstant. Töpfe aus Gusseisen eignen sich perfekt zum Schmoren.

BRÄTER: Mit Deckel das ideale Geschirr zum Schmoren und Dünsten. Die Griffe müssen mindestens 250 °C aushalten, weil häufig im Ofen gegart wird.

BRATBLECH: Zum Braten im Backofen ein Bratblech mit hohem Rand verwenden, damit Jus und Öl nicht in den Ofen rinnen.

Öl und Bratbutter

Braten und sanft garen

ÖL UND FETT: Beim Zubereiten von Fleisch sind meist hohe Temperaturen notwendig. Deshalb muss der Bratstoff hoch erhitzbar sein.

BRATBUTTER UND BRATCREME: Beide sind bedeutend höher erhitzbar als gewöhnliche Butter. Zudem verleihen sie Saucen und Gerichten einen feinen Buttergeschmack.

ERDNUSSÖL: Ist hoch erhitzbar und neutral im Geschmack.

OLIVENÖL: Ist für die Zubereitung von Fleisch ebenfalls gut geeignet, es sollte jedoch filtriert sein. Damit das Aroma noch zum Tragen kommt, Olivenöl eher für Kurzgebratenes verwenden.

KURZBRATEN: Fleisch in Öl rundum kurz, aber kräftig anbraten. Dabei entsteht der typische, aromatische Bratgeschmack. Je nach Pfannengrösse das Fleisch portionenweise braten, damit es keinen Saft zieht. Fleisch, das nur kurz gebraten wird, sollte Zimmertemperatur haben, wenn es in die Pfanne kommt.

SANFT GAREN: Die Fleischstücke werden in Öl rundum angebraten, dann im Backofen bei niedriger Temperatur (70–80 °C) über längere Zeit sanft gegart. Die Anbratzeit bestimmt die Garzeit im Ofen. Diese Garmethode eignet sich ausschliesslich für edle Stücke wie Filet, Nierstück, Huft mit Vorliebe von Kalb, Rind oder Schwein sowie vom Geflügel die Brust. Die Sauce wird immer separat zubereitet. Wichtig: Geflügel stets ganz durchgaren!

Schmoren und dünsten

Auf den Punkt garen

SCHMOREN: Nach dem Anbraten löst man den Bratsatz mit etwas Flüssigkeit vom Boden. Dazu eignen sich zum Beispiel Fond, Bouillon und Wein. Danach wird das Fleisch bei mässiger Hitze in nicht zu viel Flüssigkeit langsam fertig gegart. Meist werden noch Gewürze, Kräuter und Gemüse mitgekocht, die eine besonders aromatische Sauce ergeben. Diese Methode eignet sich perfekt für Haxen oder Ragout.

DÜNSTEN: Das Fleisch bei mässiger Hitze anbraten, bis es langsam etwas Farbe annimmt. Dabei immer wieder wenden, damit sich die Poren an der Oberfläche schliessen. Danach wird das Fleisch bei mässiger Hitze in wenig Flüssigkeit zugedeckt fertig gegart. Dazu eignen sich zum Beispiel Fond, Bouillon oder eine Mischung aus Wein, Likör und Fond. Ein klassisches Beispiel für diese Methode sind Saftplätzli.

GARPUNKT: Wann ein Fleischstück gar ist, hängt von Qualität und Zubereitung ab. Daher ist es unmöglich, in einem Rezept eine genaue Garzeit anzugeben. Bei grösseren Stücken lässt sich der Garpunkt mit einem Fleischthermometer bestimmen.

GARPROBE: Ob das Fleisch gar ist, kann man fühlen, wenn man mit dem Finger darauf drückt: Gibt es stark nach, ist es innen noch roh. Gibt es nur leicht nach, ist es rosa. Fühlt es sich fest an, ist es durchgebraten. Geflügel und Bratenstücke sind gar, wenn austretender Saft klar ist.

RUHEZEIT: Fleischstücke, die vor dem Anrichten tranchiert werden, lässt man nach dem Garen ca. 10 Minuten im ausgeschalteten Backofen oder in Alufolie eingepackt ruhen. Erst danach mit einem scharfen Fleischmesser aufschneiden.

In der Kürze liegt die Würze

SCHNELL soll es gehen und trotzdem schmecken? Kein Problem. Die besten Stücke von Kalb, Rind, Schwein, Lamm und Geflügel sind im Handumdrehen zubereitet. Nur kurz brutzelt das Fleisch in der Pfanne und bleibt dabei wunderbar zart. Ob pikant, klassisch oder exotisch – die feinen Fleischgerichte begeistern auch verwöhnte Esser.

Dreierlei gefüllte Schnitzelröllchen

Für 4 Personen

12 Kalbsschnitzel à ca. 60 g
1 Dose Peperoni 125 g
4 Scheiben Bauernschinken
4 Tomatenhälften getrocknet,
in Öl eingelegt, ca. 40 g
4 Scheiben Mozzarella à ca. 20 g
1 Zweig Basilikum
1–2 Aprikosen
8 Scheiben Rohschinken
Salz, Pfeffer
2 Baby-Lattiche
2 EL Olivenöl
2 Zweige glattblättrige Petersilie
2 Zitronen

Zubereitung ca. 30 Minuten Pro Person
ca. 45 g Eiweiss, 21 g Fett, 9 g Kohlenhydrate, 1780 kJ/430 kcal

VORBEREITEN Schnitzel zwischen Klarsichtfolie
dünn klopfen. Auf der Arbeitsfläche auslegen.
Peperonifüllung (links im Bild): Peperoni gut
abtropfen lassen, vierteln und je mit 1 Scheibe
Schinken auf 4 Schnitzeln auslegen.
Tomaten-Mozzarella-Füllung (Mitte): 4 Schnitzel
mit je 1 Tomatenhälfte und 1 Scheibe Mozzarella
belegen. Basilikum darüber zupfen.
Aprikosenfüllung (rechts): Aprikosen in 8 Schnitze
schneiden. Mit je 2 Scheiben Rohschinken auf
4 Schnitzeln auslegen. Alles mit Salz und Pfeffer
würzen. Schnitzel aufrollen und mit Küchenschnur
binden. Lattiche samt Strunk vierteln.

ZUBEREITEN Röllchen in Olivenöl bei mittlerer Hitze
rundum 3–4 Minuten braten. Im Backofen warm
halten. Lattichviertel im Bratsatz rundum kurz braten. Mit Salz und Pfeffer würzen.

SERVIEREN Schnitzel und Lattich auf Tellern anrichten, mit Petersilie garnieren. Je 1 Zitronenhälfte
dazulegen. Dazu passt Risotto.

Pouletschnitzel mit Zitronen-Limetten-Sauce

ca. ¼ Peperoncino
2 Zweige Basilikum
35 g Butter weich
1 kleine Knoblauchzehe
1 Zitrone
1 Limette
1 Schalotte
4 Pouletschnitzel à ca. 130 g
Salz, Pfeffer
1 EL Olivenöl
2,5 dl Hühnerbouillon

Zubereitung ca. 30 Minuten Pro Person ca. 30 g Eiweiss, 13 g Fett, 3 g Kohlenhydrate, 1000 kJ/250 kcal

VORBEREITEN Peperoncino nach Belieben entkernen und sehr fein hacken. Basilikum in feine Streifen schneiden. Beides zur Butter geben. Knoblauch dazupressen. Die Schale der Zitrusfrüchte fein dazureiben, alles mischen und kühl stellen. Zitrusfrüchte auspressen. Schalotte hacken.

ZUBEREITEN Schnitzel mit Salz und Pfeffer würzen. Im Öl auf jeder Seite 2 Minuten anbraten. Aus der Pfanne nehmen und warm halten. Schalotte im Bratsatz andünsten. Mit Bouillon ablöschen. Die Hälfte des Zitrussafts dazugeben und die Sauce bei guter Hitze um 1/3 einkochen lassen.

SERVIEREN Pfanne vom Herd ziehen, die Sauce darf nicht mehr kochen. Die vorbereitete Gewürzbutter flockenweise in die Sauce einziehen lassen. Mit Salz und Pfeffer und nach Belieben mit restlichem Zitrussaft abschmecken. Schnitzel in die Sauce legen und darin 5 Minuten ziehen lassen. Dazu passen feine Nudeln oder Reis.

TIPP Statt Basilikum 8–10 Blätter Bärlauch verwenden. In diesem Fall den Knoblauch weglassen.

Lammrack provençale

Für 4–5 Personen

20 Knoblauchzehen
3 Lammracks à ca. 250 g
3–4 EL Olivenöl
Salz, Pfeffer
je 6 Zweige Petersilie, Thymian
1 dl trockener Weisswein
2 dl Lamm- oder Rindsfond

Zubereitung ca. 35 Minuten

Pro Person bei 5 Personen ca. 28 g Eiweiss, 37 g Fett, 7 g Kohlenhydrate,
2000 kJ/480 kcal

VORBEREITEN Backofen auf 240 °C vorheizen.
6 Knoblauchzehen in grobe Stifte schneiden. Die
Lammracks mit einem schmalen, spitzen Messer
einstechen und die Knoblauchstifte hineinstecken.
Rundum mit Öl bepinseln und kräftig mit Salz
und Pfeffer würzen. Kräuter hacken und beiseite
stellen.

ZUBEREITEN Den Boden einer ofenfesten Pfanne
mit Öl beträufeln. Fleisch in die Pfanne legen.
Restlichen Knoblauch daneben verteilen. In der
Ofenmitte 10–12 Minuten anbraten. Mit Wein
ablöschen und ca. 5 Minuten fertig garen. Fleisch
herausheben und in Alufolie gewickelt 10 Minuten
ruhen lassen. Bratsaft und Fond aufkochen.
Mit dem Stabmixer pürieren. Kräuter darunter mischen. Mit Salz und Pfeffer abschmecken.

SERVIEREN Lammracks zwischen den Knochen
durchschneiden. Auf Tellern anrichten. Sauce
darüber giessen. Dazu passt Kartoffelgratin.

Wiener Schnitzel

Für 4 Personen

4 Kalbsschnitzel à 120 g,
Nuss oder Eckstück
Salz, Pfeffer
2 EL Mehl
100 g Paniermehl ungewürzt
1 Ei
2 EL Milch
ca. 100 g Bratbutter zum halb
schwimmend Ausbacken
1 EL Butter
1 Zitrone

Zubereitung ca. 30 Minuten Pro Person
(mit insgesamt 30 g Bratbutter gerech-
net) ca. 32 g Eiweiss, 13 g Fett, 23 g
Kohlenhydrate, 1400 kJ/340 kcal

VORBEREITEN Schnitzel zwischen Klarsichtfolie
dünn klopfen. Mit Salz und Pfeffer würzen. Mehl
und Paniermehl in separaten Tellern bereitstellen.
Ei und Milch verquirlen. Schnitzel zuerst im
Mehl wenden. Leicht abklopfen. Danach durchs
Ei ziehen, abtropfen lassen und im Paniermehl
wenden. Panade gut anpressen. Schnitzel nicht
liegen lassen, sonst wird die Panade feucht.

ZUBEREITEN Bratbutter erhitzen. Schnitzel darin
bei mittlerer Hitze auf jeder Seite ca. 2 Minuten
halb schwimmend ausbacken. Gegen Ende der
Bratzeit die Butter dazugeben. Während des
Bratens die Pfanne immer wieder leicht rütteln,
damit das Fett auf die Oberseite der Schnitzel
schwappt. Dadurch kann die Panade aufgehen.
Schnitzel herausheben. Auf Haushaltspapier
abtropfen lassen.

SERVIEREN Zitrone in Schnitze schneiden. Zu den
Schnitzeln anrichten. Dazu passen Pommes frites
oder Kartoffelsalat.

Hirsch-Saltimbocca

1 kleiner Rotkabis
10–14 Salbeiblätter
600 g Hirschschnitzel 8–12 Stück
Salz, Pfeffer
8–12 Tranchen Rohschinken
4 EL Erdnussöl
Kümmel
4 EL Apfelessig
Cayennepfeffer
2 EL Bratbutter
1 dl Marsala
2 dl Wildfond

Zubereitung ca. 30 Minuten Pro Person
ca. 37 g Eiweiss, 20 g Fett, 4 g Kohlenhydrate, 1550 kJ/370 kcal

VORBEREITEN Vom Rotkabis 2 Blätter abtrennen und in je 4–6 Stücke schneiden. Zur Seite legen. Restlichen Kabis und 2 Salbeiblätter in feine Streifen schneiden und ebenfalls separat beiseite legen. Backofen samt Blech auf 80 °C vorheizen. Hirschschnitzel flach klopfen. Mit Salz und Pfeffer würzen. Mit je 1 Salbeiblatt und Rotkabisstück belegen und mit Rohschinken umwickeln.

ZUBEREITEN Kabis im Öl bei starker Hitze 5 Minuten dünsten. Kümmel beigeben, mit Apfelessig ablö-schen und 5 Minuten köcheln lassen. Mit Salz und Cayennepfeffer abschmecken. Saltimbocca in einer Bratpfanne in Bratbutter erst auf der belegten Seite, dann auf der andern Seite je 1–1½ Minuten anbra-ten. Fleisch herausnehmen. Bratsatz mit Marsala und Fond ablöschen. Flüssigkeit etwas einkochen lassen. Fleisch und Salbeistreifen beigeben und bei kleinster Hitze 3–4 Minuten in der Sauce ziehen lassen. Mit Salz und Pfeffer abschmecken.

SERVIEREN Rotkraut und Saltimbocca auf vorgewärmten Tellern anrichten. Mit Salbeijus begiessen. Dazu passen Spätzli.

Rinds-Tournedos

Für 4 Personen

4 Rindsfilet-Tournedos à ca. 180 g
2 EL Bratbutter
Majoran für die Garnitur

GEWÜRZSALZ
2 EL Röstzwiebeln
1 TL Majoran getrocknet
½ TL schwarze Pfefferkörner
½ TL mildes Paprikapulver
½ TL Koriandersamen
je ½ TL Zwiebel- und
Knoblauchpulver
25 g Meersalz z. B. Maldon
sea salt

Zubereitung ca. 20 Minuten
+ 10 Minuten ruhen lassen
Pro Person ca. 34 g Eiweiss, 10 g Fett,
1 g Kohlenhydrate, 1000 kJ/240 kcal

VORBEREITEN Für das Gewürzsalz alle Zutaten im Cutter oder im Mörser fein mahlen.

ZUBEREITEN Backofen auf 70 °C vorheizen, ein Blech mitwärmen. Tournedos mit etwas Gewürzsalz bestreuen, das Gewürz leicht einmassieren. Tournedos in einer beschichteten Bratpfanne in Bratbutter auf jeder Seite anbraten. Fertig braten, bis die gewünschte Garstufe erreicht ist. **rare** (stark blutig): ca. 4–6 Minuten; **medium rare** (blutig): ca. 6–8 Minuten; **medium** (rosa): ca. 10–12 Minuten; **well done** (durchgebraten): ca. 16–18 Minuten. Tournedos auf das Blech geben, im Ofen 10 Minuten ruhen lassen.

SERVIEREN Tournedos auf vorgewärmten Tellern anrichten. Mit Majoran garnieren. Dazu passen Gemüse, Bratkartoffeln oder Pommes frites.

TIPP Das Gewürzsalz reicht für mehrere Fleischportionen. Es passt vor allem zu dunklem Fleisch.

Reh-Entrecôte im Rotwein-Madeira-Sud

Für 4 Personen

2 Schalotten
5–6 Wacholderbeeren
1 EL schwarze Pfefferkörner
2,5 dl halbtrockener Rotwein
z. B. Merlot
1 dl Madeira
1 dl Wildfond
2 Zweige Rosmarin
1 Lorbeerblatt
2–3 Nelken
600 g Reh-Entrecôte (ausgelöster Rehrücken) am Stück, beim Metzger vorbestellen
50–80 g Butter eiskalt
Salz, Pfeffer

Zubereitung ca. 20 Minuten
+ 15–20 Minuten gar ziehen lassen
Pro Person ca. 33 g Eiweiss, 19 g Fett, 6 g Kohlenhydrate, 1600 kJ/380 kcal

VORBEREITEN Schalotten in Scheiben schneiden. Wacholderbeeren und Pfeffer im Mörser zerdrücken.

ZUBEREITEN Vorbereitete Gewürze mit Rotwein, Madeira, Fond, Rosmarin, Lorbeerblatt und Nelken aufkochen. Hitze reduzieren. Fleisch im heissen, aber nicht kochenden Sud 15–20 Minuten gar ziehen lassen. Fleisch aus dem Sud nehmen. In Alufolie wickeln und warm halten. Sud auf 1,5 dl einkochen lassen, absieben und zurück in die Pfanne geben. Butter nach und nach in den Sud rühren. Sauce mit Salz und Pfeffer würzen, nur noch warm halten.

SERVIEREN Fleisch leicht schräg in ca. 1 cm dicke Tranchen schneiden. Mit der Rotweinsauce servieren. Dazu passt Kartoffel-Petersilienwurzel-Püree. Nach Belieben mit frittierten Selleriestreifchen und Petersilienblättchen garnieren. Pfeffer aus der Mühle darüber streuen.

Luganighe auf Risotto verde

50 g Rucola
2 Zweige Rosmarin
2–3 Zweige Thymian
30 g Butter weich
1 grosse Zwiebel
6 Luganighe
1,5 dl kräftiger Rotwein
z. B. Merlot
7–8 dl Hühnerbouillon
2 EL Sonnenblumenöl
320 g Risottoreis
Salz
Rucola für die Garnitur

Zubereitung ca. 40 Minuten Pro Person
ca. 34 g Eiweiss, 55 g Fett, 61 g Kohlenhydrate, 3750 kJ/900 kcal

VORBEREITEN Für die Kräuterbutter Rucola, Rosmarin und Thymian sehr fein hacken. Mit der Butter
mischen und kühl stellen. Zwiebel grob hacken.
Von 2 Luganighe das Brät aus der Haut drücken.

ZUBEREITEN Restliche Luganighe im Rotwein aufkochen und bei kleiner Hitze zugedeckt 10–15 Minuten köcheln lassen. Inzwischen Bouillon aufkochen. Zwiebel und Wurstbrät im Öl andünsten.
Reis dazugeben und kurz mitdünsten. Mit 3 dl
Bouillon ablöschen. Restliche Bouillon nach und
nach hinzufügen. Reis bei kleiner Hitze unter Rühren zu einem sämigen Risotto kochen.

SERVIEREN Vorbereitete Kräuterbutter unter den
Risotto rühren. Mit Salz abschmecken. Luganighe
in Scheiben schneiden. Auf dem Risotto anrichten.
Mit Wein beträufeln und mit Rucola garnieren.

Bratwurst mit Zwiebelsauce

Für 4 Personen

4 Zwiebeln
8–10 Wacholderbeeren
ca. 700 g Schweinsbratwurst am
Meter oder 4 einzelne Würste
1¼ dl trockener Weisswein
3 EL Wasser
½ EL Mehl
¼ dl trockener Wermut
z. B. Noilly Prat
2,5–3,5 dl Fleischbouillon
ca. ½ TL Dijonsenf
Salz, Pfeffer

Zubereitung ca. 30 Minuten Pro Person
ca. 29 g Eiweiss, 42 g Fett, 11 g Kohlenhydrate, 2300 kJ/560 kcal

VORBEREITEN Zwiebeln in feine Spalten schneiden.
Wacholderbeeren zerquetschen.

ZUBEREITEN Wurst in eine Bratpfanne geben. Wein
und Wasser dazugiessen. Langsam zum Kochen
bringen. 10 Minuten köcheln lassen, bis die Flüssigkeit fast vollständig eingekocht ist, dabei die
Wurst einmal wenden. Nun die Wurst rundherum
mehrmals einstechen. Bei mittlerer Hitze im
eigenen Fett beidseitig 10 Minuten braten. Herausnehmen und warm halten. Zwiebeln im verblei-
benden Bratfett hellbraun rösten. Wacholderbeeren dazugeben, Mehl darüber stäuben und
kurz mitrösten. Mit Wermut und Bouillon ablöschen. Köcheln lassen, bis die Sauce gebunden
ist. Mit Senf, Salz und Pfeffer abschmecken.

SERVIEREN Wurst in die Sauce zurückgeben. Nochmals aufkochen, dann zugedeckt auf der ausgeschalteten Herdplatte 5 Minuten heiss werden
lassen. Dazu passen Rösti und grüner Salat.

Kalbsleberli mit Johannisbeeren

Für 4 Personen

4 grosse Johannisbeer-Rispen
600 g Kalbsleber am Stück
1 EL Olivenöl
60 g Butter
4 Zweige Salbei
1 EL Rohzucker
1 dl Kalbsfond
2 dl Portwein rot oder weiss
1 EL Rahm
Salz, Pfeffer

Zubereitung ca. 25 Minuten Pro Person ca. 29 g Eiweiss, 18 g Fett, 18 g Kohlenhydrate, 1650 kJ/390 kcal

VORBEREITEN Johannisbeeren an der Rispe belassen. Kurz mit kaltem Wasser überbrausen, gut abtropfen und trocknen lassen. Leber in ca. 1 cm grosse Würfel schneiden.

ZUBEREITEN In einer kleinen Bratpfanne das Öl und die Hälfte der Butter aufschäumen. Salbeizweige darin frittieren. Herausheben und auf Haushaltpapier abtropfen lassen. Die Johannisbeer-Rispen in derselben Pfanne kurz anbraten. Mit Zucker bestreuen und leicht karamellisieren lassen. Rispen herausheben. Bratsatz mit Fond und Portwein ablöschen. Bei grosser Hitze zur Hälfte einkochen. Rahm dazugeben. Mit Salz und Pfeffer abschmecken.

SERVIEREN Unmittelbar vor dem Servieren die Leber zubereiten. Restliche Butter in einer Bratpfanne erhitzen. Leber darin rundum schnell, aber kräftig anbraten. Mit Salz würzen. Den Portweinjus zufügen und nur kurz aufwallen lassen. Leber mit Johannisbeeren und Salbei garnieren. Dazu passen feine Nudeln oder Reis.

Original Züri-Gschnätzlets

Für 4 Personen

300 g Kalbsnierli
1 mittelgrosse Zwiebel
2 Zweige Petersilie
450 g Kalbfleisch geschnetzelt
1 EL Maisstärke
1–2 EL Bratbutter
Salz, Pfeffer
1 EL Butter
1 dl Weisswein
1,5 dl Kalbsfond
2 dl Rahm

Zubereitung ca. 30 Minuten Pro Person ca. 37 g Eiweiss, 37 g Fett, 7 g Kohlenhydrate, 2200 kJ/530 kcal

VORBEREITEN Von den Kalbsnierli eventuell vorhandenes Fett wegschneiden. Nierli längs halbieren und die Äderchen entfernen. Nierli in ½ cm dicke Scheiben schneiden. Zwiebel und Petersilie separat fein hacken. Eine Platte bei 60 °C im Backofen vorwärmen.

ZUBEREITEN Kalbsnierli und Kalbfleisch mit Maisstärke fein bestäuben. In Bratbutter portionenweise rundum ca. 1 Minute kräftig anbraten. Das Fleisch auf die vorgewärmte Platte geben. Mit Salz und Pfeffer würzen und warm halten. Für die Sauce Zwiebel in Butter andünsten. Mit Wein und Fond ablöschen und bei guter Hitze um $1/3$ einkochen lassen. Rahm dazugiessen und zu einer sämigen Sauce einkochen lassen. Mit Salz und Pfeffer abschmecken.

SERVIEREN Das warm gestellte Fleisch in der Sauce nur noch kurz heiss werden lassen. Mit Petersilie bestreuen. Dazu passt Rösti.

TIPP Nierli weglassen, dafür die Fleischmenge auf 600 Gramm erhöhen.

Satay-Spiesschen

Für 8 Spiesschen

1 kleine Zwiebel
1 Knoblauchzehe
ca. 2 cm Ingwer frisch
4–5 EL Erdnussöl
1 TL mildes Currypulver
½ TL Kreuzkümmelpulver
1 TL brauner Zucker
2 dl Kokosmilch
80 g Erdnüsschen geröstet, ungesalzen
ca. 1 TL Zitronensaft
4 Schweinssteaks à ca. 140 g

Zubereitung ca. 30 Minuten
+ 2 Stunden marinieren Pro Stück
ca. 19 g Eiweiss, 15 g Fett, 5 g Kohlenhydrate, 1000 kJ/230 kcal

VORBEREITEN Für die Satey-Würzpaste Zwiebel, Knoblauch und Ingwer sehr fein hacken. Alles in 1 EL Öl andünsten. Curry, Kümmel und Zucker kurz mitdünsten. Mit Kokosmilch ablöschen. Nüsse im Cutter nicht zu fein mahlen und beigeben. Alles bei mittlerer Hitze 5 Minuten köcheln lassen. Mit Zitronensaft abschmecken. Würzpaste auskühlen lassen. Fleisch längs in 5 mm dicke Streifen schneiden. Wellenartig auf Holzspiesschen stecken. Würzpaste darüber giessen und im Kühlschrank 2 Stunden marinieren.

ZUBEREITEN Von den Spiesschen die Marinade in eine Pfanne abstreifen. Marinade 2–3 Minuten kochen lassen. Satay-Spiesschen im restlichen Erdnussöl rundum ca. 2 Minuten knusprig braten.

SERVIEREN Spiesschen anrichten. Würzpaste separat dazuservieren. Als Beilage passt Basmatireis.

Riz Casimir

Für 4 Personen

1 rote Peperoni
400 g Ananasstücke aus der Dose
1 Zwiebel
600 g Kalbfleisch geschnetzelt
1 EL Mehl
1 EL Currypulver scharf
oder mild
1–2 EL Bratbutter
1,5 dl Hühnerbouillon
1 dl Rahm
2 Bananen
Salz, Pfeffer

Zubereitung ca. 30 Minuten
Pro Person ca. 34 g Eiweiss,
16 g Fett, 32 g Kohlenhydrate,
1700 kJ/400 kcal

VORBEREITEN Peperoni in kleine Würfel schneiden. Ananas abtropfen lassen, Saft auffangen und für die Sauce 1,5 dl abmessen. Zwiebel hacken. Fleisch trockentupfen. Mehl und Curry mischen, darüber stäuben und gut mit dem Fleisch mischen.

ZUBEREITEN Fleisch in der Bratbutter rundum 2 Minuten kräftig anbraten. Zwiebel und Peperoni beigeben und kurz mitbraten. Mit Ananassaft ablöschen, aufkochen. Fleisch und Gemüse herausnehmen und warm stellen. Bouillon und Rahm zur Ananasflüssigkeit giessen. Alles sämig einköcheln lassen.

SERVIEREN Unmittelbar vor dem Servieren die Bananen in Scheiben schneiden. Mit den Ananasstücken und dem Fleisch zur Sauce geben. Kurz aufwallen lassen. Mit Salz, Pfeffer und Curry abschmecken. Mit Trockenreis anrichten.

TIPPS Nach Belieben mit Pfirsichhälften aus der Dose, Schlagrahm und Cocktailkirschen garnieren. An Stelle von Kalbfleisch kann Pouletfleisch verwendet werden, die Zubereitung bleibt gleich.

Feuriges Rindfleisch

Für 4 Personen

1 Bund Frühlingszwiebeln
200 g Gemüse z. B. Zucchetti,
Patisson, Mais
2 Knoblauchzehen
4 rote Peperoncini
500 g Rindfleisch geschnetzelt
Salz, Pfeffer
2 EL Erdnussöl
1 EL Maisstärke
1,5 dl Rindsbouillon
5 EL Austernsauce
2 EL Sojasauce

Zubereitung ca. 25 Minuten Pro Person
ca. 29 g Eiweiss, 17 g Fett, 22 g Kohlenhydrate, 1500 kJ/350 kcal

VORBEREITEN Zwiebelgrün in Ringe schneiden, für die Garnitur beiseite stellen. Zwiebeln und Gemüse in mundgerechte Stücke, Knoblauch und Peperoncini in Scheiben schneiden. Peperoncini nach Belieben entkernen.

ZUBEREITEN Fleisch mit Salz und Pfeffer würzen. In zwei Portionen im Öl rundum 1–2 Minuten kräftig anbraten. Herausheben und beiseite stellen. Gemüse im Bratsatz bei mittlerer Hitze ca. 5 Minuten dünsten. Stärke in der Bouillon auflösen. Gemüse damit ablöschen. Austern- und Sojasauce dazugeben. Köcheln lassen, bis die Sauce bindet.

SERVIEREN Fleisch samt Bratsaft zum Gemüse geben und heiss werden lassen. Mit Salz und Pfeffer abschmecken. Mit Zwiebelgrün bestreuen. Dazu passt Polenta oder Trockenreis.

Lamm-Chili mit roten Bohnen

Für 5–6 Personen

2 Karotten
300 g fest kochende Kartoffeln
2 rote Chilischoten
2 rote Zwiebeln
2 Knoblauchzehen
500 g Lammfleisch gehackt
2 EL Erdnussöl
1–1½ TL Chilipulver
2 EL Tomatenpüree
2 dl Rotwein
3 dl Rindsbouillon
1 Dose Borlotti-Bohnen à 250 g
Salz, Pfeffer

Zubereitung ca. 30 Minuten
Pro Person bei 6 Personen ca. 30 g Eiweiss, 5 g Fett, 38 g Kohlenhydrate,
1400 kJ/340 kcal

VORBEREITEN Karotten und Kartoffeln in knapp 1 cm grosse Würfel schneiden. Chilischoten der Länge nach halbieren, die Kerne entfernen. Zwiebeln in feine Ringe schneiden, Knoblauchzehen hacken.

ZUBEREITEN Hackfleisch im Öl 3–4 Minuten scharf anbraten. Alle vorbereiteten Zutaten beigeben, mit Chili bestäuben und einige Minuten mitbraten. Tomatenpüree zufügen und kurz mitbraten. Mit Rotwein ablöschen. Bouillon dazugiessen. Das Chili zugedeckt 20–25 Minuten schmoren lassen.

SERVIEREN Bohnen abgiessen und kalt abspülen. Zum Chili geben und gut heiss werden lassen. Das Gericht mit Salz, Pfeffer und Chilipulver abschmecken. Dazu passen Maisbrötchen oder Tortilla-Chips.

Bratenduft liegt in der Luft

HERZHAFT In der Küche duftet es nach Braten, nach Sonntag – und nach Kindheit. Da werden Erinnerungen wach an all die Köstlichkeiten, die Grossmutter aus dem Bratentopf zauberte. Omas Rezepte sind heute gefragter denn je. Und: Mit einem herzhaften Schmorgericht machen Sie auch eine grosse Tischrunde satt und glücklich.

Kalbsbrust mit Bratgemüse

Für 5–6 Personen

8 grosse Karotten
4 Petersilienwurzeln
oder 1 grosser Knollensellerie
3 dl Kalbsfond
1½ dl roter Portwein
1,2 kg Kalbsbrust gerollt
1 Orange
½ TL Thymian getrocknet
2 TL Kräutersenf
1 TL Meerrettich gerieben,
aus dem Glas
2 EL Rapsöl
1 gestrichener TL Salz
Pfeffer
3–4 Kräuterzweige z. B. Rosmarin
und Thymian

Zubereitung ca. 20 Minuten
+ 2 Stunden braten Pro Person bei
6 Personen ca. 42 g Eiweiss, 17 g Fett,
24 g Kohlenhydrate, 1850 kJ/440 kcal

VORBEREITEN Karotten und Petersilienwurzeln längs halbieren oder vierteln (Knollensellerie in grobe Stücke schneiden). Kalbsfond und Portwein aufkochen. Backofen auf 220 °C vorheizen. Kalbsbrust in einen weiten Bräter mit hohem Rand legen. Orangenschale fein abreiben. Mit Thymian, Senf, Meerrettich, Öl, Salz und Pfeffer mischen. Kalbsbrust mit der Marinade bestreichen.

ZUBEREITEN Kalbsbrust in der unteren Ofenhälfte 45 Minuten anbraten. Danach die Ofentemperatur auf 170 °C reduzieren. Gemüse und Kräuterzweige um den Braten verteilen. Portweinfond dazugiessen. Das Bratgeschirr mit Alufolie abdecken. Braten im Ofen noch 75 Minuten fertig braten. Dabei ab und zu mit Portweinfond begiessen. Im ausgeschalteten Ofen 10 Minuten ruhen lassen.

SERVIEREN Küchenschnur vom Braten entfernen. Fleisch in Tranchen schneiden. Mit Karotten und Petersilienwurzeln anrichten. Mit Fond begiessen. Dazu passt Kartoffelstock. Kalbsbrust schmeckt auch kalt, in feine Tranchen aufgeschnitten.

Kalbsnuss in Honig-Koriander-Milch

Für 4–6 Personen

2 EL Koriandersamen
5 dl Milch
2 EL Honig z. B. Blütenhonig
800 g Kalbsnüsschen am Stück
2 Zwiebeln
¼ TL Salz
Pfeffer
1 EL Olivenöl
2 dl Kalbsfond
Korianderblätter für die Garnitur

Zubereitung ca. 35 Minuten
+ ca. 24 Stunden marinieren
+ ca. 45 Minuten in der Milch garen
Pro Person bei 6 Personen ca. 30 g
Eiweiss, 12 g Fett, 9 g Kohlenhydrate,
1100 kJ/260 kcal

VORBEREITEN Am Vortag: Koriander im Mörser zerstossen. Mit Milch und Honig aufkochen. Auskühlen lassen. Fleisch in einen verschliessbaren Behälter legen und mit der Gewürzmilch übergiessen. Etwa 24 Stunden im Kühlschrank marinieren.

ZUBEREITEN Am Zubereitungstag: Zwiebeln hacken. Fleisch aus der Milch heben und trockentupfen. Mit Salz und Pfeffer würzen. Im Öl rundum anbraten. Gewürzmilch aufkochen, Braten in die Milch legen. Zwiebeln im Bratsatz dünsten. Mit Kalbsfond ablöschen. Alles zur Milch giessen. Kalbsnuss zugedeckt ca. 45 Minuten (knapp unterhalb des Siedepunktes) simmern lassen. Fleisch herausheben und warm halten. Sauce pürieren, dann in eine Pfanne absieben. Bei guter Hitze ca. 15 Minuten sämig einkochen lassen. Mit Salz abschmecken.

SERVIEREN Kalbsnuss tranchieren. Mit Sauce und Korianderblättchen anrichten. Dazu passen breite Nudeln und Kichererbsen.

Rindsschmorbraten

Für 4–6 Personen

5 Wacholderbeeren
1 EL schwarze Pfefferkörner
5 dl kräftiger Rotwein
2,5 dl Aceto balsamico
3 dl Wasser
je 3 Lorbeerblätter und Nelken
100 g Zucker
1,5 kg Rindsschulter
je 200 g Sellerie und Lauch
je 2 Karotten und Zwiebeln
ca. 1 gestrichener TL Salz
Pfeffer
2 EL Bratbutter
1–2 EL Tomatenpüree
2 Zweige Petersilie

**Zubereitung ca. 30 Minuten
+ 2–4 Tage marinieren + ca. 3½ Stunden schmoren** Pro Person bei 6 Personen ca. 57 g Eiweiss, 11 g Fett, 24 g Kohlenhydrate, 2000 kJ/480 kcal

VORBEREITEN 2–4 Tage im Voraus: Alle Zutaten bis und mit Zucker aufkochen. Abkühlen lassen. Marinade in ein tiefes Porzellan- oder Glasgefäss giessen. Fleisch in die Marinade legen. Zugedeckt im Kühlschrank 2–4 Tage marinieren. Täglich wenden.

ZUBEREITEN Am Zubereitungstag: Gemüse und Zwiebeln würfeln. Backofen auf 180 °C vorheizen. Fleisch aus der Marinade heben. Trockentupfen, salzen und pfeffern. In einem Bräter in Bratbutter rundum kräftig anbraten. Fleisch herausnehmen. Gemüse im Bratsatz 5 Minuten rösten. Tomatenpüree kurz mitrösten. Marinade samt Gewürzen dazugiessen. Fleisch hineinlegen und zugedeckt im Ofen 3–3½ Stunden weich schmoren. Dabei ab und zu mit Garflüssigkeit begiessen.

SERVIEREN Fleisch aus dem Fond nehmen und warm halten. Fond in eine Pfanne absieben. Um ⅓ einkochen lassen. Gemüse wird nicht mehr verwendet. Petersilie hacken. Braten tranchieren und mit Sauce übergiessen. Mit Petersilie garnieren. Dazu passen Kartoffelstock und Rotkraut.

Hackbraten mit Rotweinsauce

Für 4–6 Personen
Für 1 Cakeform à 35 cm

100 g Weissbrot altbacken
2 dl Milch
200 g gemischtes Gemüse
z. B. Karotten, Sellerie, Lauch
1 Zwiebel
1 EL Rapsöl
1,2 kg Kalbshackfleisch
ca. 1 gehäufter TL Salz, Pfeffer
2 Eier
1 TL italienische Kräutermischung

ROTWEINSAUCE
1 Zwiebel
2 dl Rotwein z. B. Pinot noir
2 dl Bratensauce

Zubereitung ca. 40 Minuten
+ ca. 60 Minuten backen Pro Person bei
6 Personen ca. 48 g Eiweiss, 12 g Fett,
17 g Kohlenhydrate, 1600 kJ/380 kcal

VORBEREITEN Brot in Stücke schneiden. Milch erwärmen, über das Brot giessen und dieses quellen lassen, bis die Flüssigkeit aufgesogen ist. Gemüse und Zwiebel in kleine Stücke schneiden. Im Öl 5 Minuten andünsten. Auskühlen lassen.

ZUBEREITEN Backofen auf 160 °C vorheizen. Gemüse und Brot durch den Fleischwolf drehen (mittlere Scheibe) oder im Cutter fein hacken. Alles mit dem Hackfleisch und den restlichen Zutaten zu einer geschmeidigen Masse verkneten. Abschmecken. Form mit Backpapier auslegen. Masse einfüllen, leicht andrücken. Hackbraten in der Ofenmitte ca. 60 Minuten backen. Für die Sauce die Zwiebel hacken. Mit Rotwein und Bratensauce aufkochen. Sauce bei guter Hitze um $1/3$ einkochen lassen. Mit Salz und Pfeffer abschmecken.

SERVIEREN Zum Servieren den Hackbraten aus dem Ofen nehmen. Kurz ruhen lassen. Aus der Form stürzen und in Scheiben schneiden. Mit der Sauce auf vorgewärmten Tellern anrichten. Dazu passen Kartoffelgaletten.

Poulet mit Heidelbeersauce

Für 4 Personen

2 Poulets à ca. 1,2 kg,
z. B. Maispoulets
1 TL Salz, etwas Pfeffer
2 Bund Rosmarin
3–4 EL Olivenöl
3 EL Honig z. B. Waldhonig

HEIDELBEERSAUCE
1 cm Ingwer frisch
2 dl roter Portwein
2–3 EL Aceto balsamico
250 g Heidelbeeren frisch oder
tiefgekühlt
ca. 1½ TL Maisstärke
2 dl Geflügelfond
Zucker zum Abschmecken

Zubereitung ca. 30 Minuten
+ ca. 65 Minuten braten Pro Person
ca. 77 g Eiweiss, 47 g Fett, 43 g Kohlenhydrate, 4000 kJ/1000 kcal

VORBEREITEN Backofen auf 200 °C vorheizen.
Poulets innen und aussen kalt abspülen, trockentupfen. Mit Salz und Pfeffer würzen. 1 Bund Rosmarin in die Poulets füllen. In eine ofenfeste Form
legen und mit Öl beträufeln.

ZUBEREITEN Poulets in der Ofenmitte 30 Minuten
anbraten. Hitze auf 180 °C reduzieren und Poulets
weitere 30–35 Minuten fertig braten. Restlichen
Rosmarin fein hacken. Mit Honig mischen. Während
der letzten 10 Minuten der Garzeit die Poulets
damit bepinseln. Poulets im ausgeschalteten,
etwas geöffneten Ofen 10 Minuten ruhen lassen.
Inzwischen für die Sauce Ingwer fein reiben. Mit
Portwein, Aceto und Beeren auf die Hälfte einkochen lassen. Stärke im Fond auflösen, dazurühren.
Einkochen, bis die Sauce bindet. Mit Zucker, Salz
und Pfeffer abschmecken.

SERVIEREN Poulets halbieren. Sauce separat dazuservieren. Dazu passt knuspriges Brot oder weisser
Risotto.

Churer Fleischpastetchen

Für 4 Stück

80 g Rindszunge gekocht
1 Weggli altbacken
1,5 dl Rahm eiskalt
150 g Kalbsragout
50 g Speckwürfelchen
1 TL Majoran getrocknet
ca. ½ TL Salz
Pfeffer
300 g Blätterteig
Mehl zum Auswallen
1 Eigelb

Zubereitung ca. 35 Minuten
+ 15 Minuten kühl stellen
+ ca. 40 Minuten backen Pro Stück
ca. 41 g Eiweiss, 55 g Fett, 36 g Kohlenhydrate, 3350 kJ/800 kcal

VORBEREITEN Für die Füllung Zunge würfeln. Weggli in Stücke zupfen und im Rahm einweichen. Zusammen mit Ragout und Speck im Cutter pürieren oder durch die feinste Scheibe des Fleischwolfs treiben. Majoran und Zungenwürfel dazugeben. Die Masse mit Salz und Pfeffer sehr pikant würzen. Blätterteig auf wenig Mehl ca. 2 mm dünn auswallen. Je 4 Rondellen von 10 cm und 14 cm Ø ausschneiden. Kleine Rondellen auf ein mit Backpapier belegtes Blech legen. Aus den grossen Rondellen ein Dampfloch ausstechen.

ZUBEREITEN Backofen auf 200 °C vorheizen. Die Fleischmasse auf die Teigböden häufen, Teigdeckel darauf legen. Ränder mit einer Gabel andrücken und so gut verschliessen. Pasteten 15 Minuten kühl stellen. Mit Eigelb bepinseln. Im Ofen auf der untersten Rille 35–40 Minuten backen.

SERVIEREN Pasteten aus dem Ofen nehmen und etwas abkühlen lassen. Dazu grünen Salat servieren.

Rindssaftplätzli mit Guinness

Für 4–5 Personen

1 kg Zwiebeln
3 Knoblauchzehen
2 Rosmarinzweige
1 EL Sonnenblumenöl
1 kg Rindssaftplätzli
Würzmischung für Fleisch
4–5 dl Guinness (dunkles Bier)
2–3 EL Ketchup
Salz, Pfeffer

Zubereitung ca. 15 Minuten
+ ca. 90 Minuten schmoren
Pro Person bei 5 Personen ca. 52 g
Eiweiss, 24 g Fett, 17 g Kohlenhydrate,
2200 kJ/500 kcal

VORBEREITEN Zwiebeln in feine Ringe schneiden. Knoblauch hacken. Rosmarinnadeln von den Zweigen zupfen. Alles mischen.

ZUBEREITEN Einen Schmortopf oder Bräter mit Deckel mit Öl ausstreichen. Topfboden mit einer Lage Zwiebel-Knoblauch-Rosmarin-Mischung bestreuen. Darauf eine Lage Rindssaftplätzli legen, Fleisch mit Würzmischung würzen und mit Zwiebel-Knoblauch-Rosmarin-Mischung bedecken. So fortfahren, bis die Zutaten aufgebraucht sind. Bier darüber giessen. Bräter verschliessen. Fleisch bei kleiner Hitze ca. 90 Minuten schmoren.

SERVIEREN Die entstandene Biersauce in eine Pfanne abgiessen. Aufkochen. Ketchup dazurühren und Sauce mit Salz und Pfeffer abschmecken. Kochend heiss über die Saftplätzli giessen. Dazu passen Salzkartoffeln.

Lamm-Tajine mit Pflaumen

Für 4 Personen

5 dl Gemüsebouillon
200 g Backpflaumen ohne Stein
3–4 Zweige Koriander
2 Schalotten
2 Knoblauchzehen
50 g ganze Mandeln geschält
2 EL Sesamsamen
800 g Lammragout Schulter
oder Huft
2 EL Erdnussöl
Salz, Pfeffer
ca. 1 TL Harissa (pikante Gewürz-
paste aus der Tube)
6 Nelken
1 Zimtstange
1 Prise Safranfäden

Zubereitung ca. 50 Minuten
+ ca. 50 Minuten schmoren Pro Person
37 g Eiweiss, 22 g Fett, 35 g Kohlenhydrate, 2000 kJ/480 kcal

VORBEREITEN Bouillon erwärmen. Pflaumen beigeben und 30 Minuten marinieren. Früchte herausheben und beides beiseite stellen. Koriander und
Schalotten getrennt hacken, Knoblauch pressen.

ZUBEREITEN Mandeln und Sesam ohne Fett gold-
braun rösten. Lammfleisch in einem Bräter im Öl
rundum 5 Minuten anbraten. Hitze reduzieren.
Mit Salz und Pfeffer würzen. Schalotten, Knoblauch,
Harissa, Nelken und Zimt beigeben und kurz mit-
braten. Gehackten Koriander und Safran dazugeben.
Mit der beiseite gestellten Bouillon ablöschen.
Je nach Grösse der Pfanne eventuell noch etwas
Wasser beifügen, das Fleisch sollte knapp bedeckt
sein. Lamm bei kleiner bis mittlerer Hitze halb
zugedeckt 40–50 Minuten weich schmoren. Die
Flüssigkeit sollte fast vollständig eingekocht sein.

SERVIEREN Pflaumen zur Tajine geben und heiss
werden lassen. Mit Salz und Pfeffer abschmecken.
Mandeln und Sesam darüber streuen. Dazu passt
Couscous oder Fladenbrot.

Coq au vin

Für 4–6 Personen

2 Poulets à ca. 1,2 kg
2 Karotten
1 Zwiebel
½ Lorbeerblatt
2 Zweige Thymian
einige Pfefferkörner
2 l Rotwein z. B. Burgunder
3 EL Erdnussöl
3 Knoblauchzehen
ca. 1 TL Salz, Pfeffer

FÜR DIE GARNITUR
4 Tranchen Bratspeck
80 g Silberzwiebelchen
100 g Champignons ganz, Dose
Petersilie und Kräuterzweige

Zubereitung ca. 30 Minuten + 12 Stunden marinieren + ca. 1 Stunde schmoren
Pro Person ca. 59 g Eiweiss, 38 g Fett, 5 g Kohlenhydrate, 3500 kJ/820 kcal

VORBEREITEN Am Vorabend: Poulets je in 8–10 Stücke schneiden. In eine grosse Schüssel legen. Karotten und Zwiebel in feine Scheiben schneiden, beifügen. Lorbeerblatt, Thymian und Pfefferkörner dazugeben. Mit Wein begiessen. Zugedeckt im Kühlschrank über Nacht marinieren.

ZUBEREITEN Am Zubereitungstag: Pouletstücke aus der Marinade heben, trockentupfen. In einem Bräter im Öl portionenweise goldbraun anbraten. Mit Marinade samt Gemüse ablöschen. Knoblauch dazupressen, Salz dazugeben. Coq au vin zugedeckt bei mittlerer Hitze ca. 1 Stunde weich schmoren. Pouletstücke herausheben und warm halten. Flüssigkeit absieben, bei guter Hitze auf ca. 3 dl einkochen lassen. Mit Salz und Pfeffer abschmecken. Pouletstücke in der Sauce gut heiss werden lassen. Für die Garnitur Speck in Streifen schneiden. Zwiebeln und Pilze aus der Flüssigkeit heben, kalt abspülen und abtropfen lassen.

SERVIEREN Speck knusprig braten. Zwiebelchen und Pilze kurz mitbraten. Auf dem Fleisch anrichten. Mit Kräutern garnieren. Dazu Baguette servieren.

Kalbshaxe an Balsamico-Rahm-Sauce

Für 4 Personen

1 grosse Karotte
1 grosse Zwiebel
4 Kalbshaxen à ca. 250 g
1 EL Mehl
½ TL Salz
je ¼ TL Paprikapulver und Pfeffer
2 EL Olivenöl
5 dl Kalbsfond
3 Nelken
3–4 EL Aceto balsamico
4 EL Doppelrahm

Zubereitung ca. 20 Minuten
+ ca. 60 Minuten schmoren Pro Person
ca. 52 g Eiweiss, 30 g Fett, 7 g Kohlenhydrate, 2100 kJ/500 kcal

VORBEREITEN Karotte und Zwiebel in Würfel schneiden. Kalbshaxen kalt abspülen und trockentupfen.
Mehl und alle Gewürze in einen grossen Plastik-
sack geben. Haxen dazulegen und alles gut durch-
schütteln. Fleisch herausnehmen.

ZUBEREITEN Öl in einem Bräter erhitzen. Haxen
darin rundum kräftig anbraten. Gemüse dazugeben und kurz mitdünsten. Mit Fond ablöschen.
Nelken beigeben. Haxen zugedeckt bei mittlerer
Hitze 50–60 Minuten weich schmoren. Fleisch
aus der Sauce nehmen. Nelken aus der Sauce
herauslesen. Sauce auf ca. 2,5 dl einkochen.
Aceto balsamico und Rahm beigeben. Sauce mit
dem Stabmixer sehr fein pürieren. Mit Salz und
Pfeffer abschmecken.

SERVIEREN Haxen wieder in die Sauce geben und
nochmals gut heiss werden lassen. Dazu passen
Maisgaletten oder Risotto.

Kalbsgulasch an Paprikasauce

Für 4 Personen

2 Zwiebeln
4 Knoblauchzehen
3 rote Peperoni
1 kg Kalbsgulasch
Salz, Pfeffer
2 EL Bratbutter
½ dl Weisswein
2 EL edelsüsses Paprikapulver
3 dl Wasser
1,5 dl Sauer-Halbrahm
2 EL Mehl
Kerbel für die Garnitur

Zubereitung ca. 40 Minuten
+ ca. 70 Minuten schmoren Pro Person
ca. 55 g Eiweiss, 28 g Fett, 15 g Kohlenhydrate, 2250 kJ/540 kcal

VORBEREITEN Zwiebeln und Knoblauch feinhacken. Peperoni in kleine Würfel schneiden.

ZUBEREITEN Fleisch mit Salz und Pfeffer würzen. Zwiebeln, Knoblauch und Peperoni in Bratbutter andünsten. Fleisch beifügen und mitdünsten, bis es rundum leicht angebraten ist. Gulasch mit Wein ablöschen, etwas einkochen lassen. Paprikapulver darüber streuen und das Wasser dazugeben. Das Gulasch ca. 1 Stunde zugedeckt weich schmoren.

SERVIEREN Sauerrahm mit Mehl glatt rühren. Unter Rühren zur Sauce giessen. 10 Minuten köcheln lassen. Mit Salz und Pfeffer abschmecken. Das Gulasch mit Kerbel garnieren. Dazu passen Spätzli oder Semmelknödel.

Poulet in Gewürzreis mit Früchten

Für 6 Personen

1,5 kg Pouletstücke
1 EL Mehl
¼ TL Ingwerpulver
¼ TL edelsüsses Paprikapulver
½ TL Kräutersalz
1 rote Peperoni
1 gelbe Peperoni
1 Zwiebel
150 g Dörrfrüchte z. B. Aprikosen, Birnen und Datteln
2 EL Sonnenblumenöl
400 g Langkornreis
50 g Mandelsplitter
7 dl Hühnerbouillon

Zubereitung ca. 30 Minuten
+ ca. 40 Minuten garen Pro Person
ca. 64 g Eiweiss, 13 g Fett, 67 g Kohlenhydrate, 2700 kJ/650 kcal

VORBEREITEN Pouletstücke kalt abspülen und trockentupfen. Mehl, Ingwer, Paprika und Salz mischen. Pouletstücke darin wenden. Peperoni in Würfelchen schneiden. Zwiebel grob hacken. Dörrfrüchte je nach Grösse halbieren.

ZUBEREITEN Backofen auf 170 °C vorheizen. Die Pouletstücke im Öl bei mittlerer Hitze rundum 3–4 Minuten gut anbraten. Herausnehmen und beiseite stellen. Peperoni und Zwiebel im Bratsatz andünsten. Reis und Mandelsplitter beigeben und 2–3 Minuten mitdünsten. Mit Bouillon ablöschen und aufkochen. In eine weite ofenfeste Form geben. Pouletstücke und Dörrfrüchte darüber verteilen. Form mit einem Deckel oder mit Alufolie verschliessen. Alles im Ofen 35–40 Minuten garen. Reis mit den bereits verwendeten Gewürzen abschmecken.

SERVIEREN Reis und Poulet auf Tellern anrichten. Nach Belieben einen Salat dazuservieren.

Kaninchen-Voressen mit Marroni

Für 4 Personen

1 Zwiebel
1 Knoblauchzehe
200 g Sellerie
1,5 kg Kaninchenragout ohne Bein
Salz, Pfeffer
2 EL Mehl
2 EL Bratbutter
2 Zweige Rosmarin
1 Lorbeerblatt
2 EL Tomatenpüree
2 dl Rotwein z. B. Merlot
400 g Tomaten gehackt, aus
der Dose
200 g Marroni tiefgekühlt

Zubereitung ca. 30 Minuten
+ 50–70 Minuten schmoren
Pro Person ca. 57 g Eiweiss, 26 g Fett,
34 g Kohlenhydrate, 2650 kJ/630 kcal

VORBEREITEN Zwiebel und Knoblauch hacken. Sellerie klein würfeln. Fleisch mit Salz und Pfeffer würzen. Mit Mehl fein bestäuben.

ZUBEREITEN Kaninchenstücke portionenweise in einem Bräter in Bratbutter anbraten, herausnehmen. Zwiebel, Knoblauch, Sellerie, Rosmarin, Lorbeerblatt und Tomatenpüree im Bratsatz anbraten. Mit Rotwein ablöschen, Tomaten beigeben und aufkochen. Fleisch beifügen. Alles zugedeckt bei kleiner Hitze 50–70 Minuten weich schmoren. Während der letzten 30 Minuten die Marroni mitgaren.

SERVIEREN Das Kaninchen-Voressen mit Salz und Pfeffer abschmecken. Dazu passen gratinierte Gnocchi oder Risotto.

Das lässt keinen kalt

SOMMERLICH Darauf freut man sich schon lange: Endlich wieder unter freiem Himmel tafeln. Auch wenn im Sommer vor allem kalte Gerichte Saison haben – auf kulinarische Höhenflüge muss niemand verzichten. Mit einem feinen Stück Fleisch zaubern Sie im Nu eine leichte Hauptmahlzeit oder eine exquisite Vorspeise auf den Tisch.

Roastbeef mit Senf-Estragon-Sauce

Für 4–6 Personen

800 g Rindshuft
ca. ½ TL Salz
Pfeffer
Olivenöl zum Bepinseln

SENF-ESTRAGON-SAUCE
1 Bund Estragon
180 g Jogurt nature
50 g grobkörniger Senf
z. B. Moutarde du Roi
Zitronensaft zum Abschmecken

Zubereitung ca. 20 Minuten
+ 2½–3 Stunden sanft garen
+ auskühlen lassen
Pro Person bei 6 Personen ca. 31 g Eiweiss, 17 g Fett, 4 g Kohlenhydrate, 1200 kJ/290 kcal

VORBEREITEN Fleisch 30–60 Minuten vor dem Braten aus dem Kühlschrank nehmen. Backofen samt Blech auf 80 °C vorheizen.

ZUBEREITEN Fleisch rundum mit Salz und Pfeffer würzen und mit Öl bepinseln. In einer beschichteten Bratpfanne rundum 8 Minuten anbraten. Auf das vorgewärmte Blech legen. In der Ofenmitte 2½–3 Stunden garen, je nach gewünschter Garstufe. Für die Sauce den Estragon fein hacken. Mit Jogurt und Senf mischen. Mit Salz, Pfeffer und Zitronensaft abschmecken.

SERVIEREN Das Roastbeef auskühlen lassen. In ca. 0,5 cm dicke Tranchen schneiden. Sauce separat dazuservieren. Dazu passen Salat und frisches Brot.

Vitello tonnato

Vorspeise für 4 Personen
Hauptgericht für 2 Personen

75 g Thon in Salzwasser
1 EL Mayonnaise
0,5–1 dl Kalbsfond
ca. 1 EL Zitronensaft
Salz, Pfeffer
400 g Kalbsbraten fixfertig,
fein aufgeschnitten

FÜR DIE GARNITUR

50 g Blattsalat
Olivenöl
Aceto balsamico invecchiato
Fleur de sel

Zubereitung ca. 20 Minuten
Pro Person bei 4 Personen ca. 25 g Eiweiss, 15 g Fett, 3 g Kohlenhydrate,
1000 kJ/240 kcal

VORBEREITEN Für die Sauce den Thon abgiessen
und mit der Mayonnaise und 0,5 dl Fond sehr fein
pürieren. Vom restlichen Fond noch so viel beigeben, dass die Sauce leicht flüssig ist. Mit Zitronensaft, Salz und Pfeffer abschmecken.

ZUBEREITEN Fleisch auf Tellern flach auslegen. Mit
Thonsauce überziehen.

SERVIEREN Unmittelbar vor dem Servieren das
Fleisch mit Salat, Öl, Aceto und Fleur de sel garnieren. Dazu Toastbrot servieren.

TIPP Für das Gericht hausgemachten Kalbsbraten
fein aufschneiden.

Beefsteak Tatar mit Rettich

Vorspeise für 8 Personen
Hauptgericht für 4 Personen

1 Zwiebel
1 Bund Schnittlauch
100 g Rettich
500 g bestes Rindfleisch Filet
oder Huft, für Tatar fein gehackt
2 Eigelb frisch
1 TL Senf
2–3 TL Cognac
2 Msp. Paprikapulver
Tabasco, Salz, Pfeffer
8–12 Scheiben Toastbrot
Butter für die Toasts, nach
Belieben

Zubereitung ca. 30 Minuten Pro Person
ca. 32 g Eiweiss, 18 g Fett, 41 g Kohlenhydrate, 2000 kJ/480 kcal

VORBEREITEN Zwiebel fein hacken. Schnittlauch
fein schneiden. Von beidem etwas für die Garnitur
beiseite legen. Rettich schälen und an der Röstiraffel reiben.

ZUBEREITEN Hackfleisch und Eigelb mit Hilfe einer
Gabel mischen. Mit Senf, Cognac und Paprikapulver würzen. Zwiebel, Schnittlauch und Rettich
dazumischen. Mit Tabasco, Salz und Pfeffer je
nach gewünschter Schärfe abschmecken.

SERVIEREN Tatar auf Tellern anrichten. Dazu kann
ein Förmchen oder ein Ring benutzt werden.
Mit einer Gabel ein Muster hineindrücken. Mit
Schnittlauch und Zwiebeln garnieren. Brot
toasten. Nach Belieben mit Butter bestreichen
und warm dazuservieren.

TIPP Statt mit Cognac kann das Tatar mit Calvados
oder Whisky parfümiert werden.

Siedfleischsalat

Für 4 Personen

500 g Siedfleisch gekocht
3 Essiggurken
5 Radieschen
2 Eier gekocht
je ½ gelbe und rote Peperoni
1 Zwiebel

SAUCE
1 EL grobkörniger Dijonsenf
1 dl Bouillon
2 EL Sonnenblumenöl
3–4 EL Essig
Salz, Pfeffer aus der Mühle

Zubereitung ca. 20 Minuten Pro Person ca. 30 g Eiweiss, 18 g Fett, 4 g Kohlenhydrate, 1250 kJ/300 kcal

VORBEREITEN Für die Sauce Senf, Bouillon, Öl und Essig verrühren. Mit Salz und Pfeffer würzen.

ZUBEREITEN Siedfleisch in feine Scheiben schneiden. In einer Schale oder auf Tellern anrichten und grosszügig mit Sauce begiessen.

SERVIEREN Gurken und Radieschen halbieren. Eier in Viertel, Peperoni und Zwiebel in feine Streifen oder Ringe schneiden. Alles dekorativ auf das Siedfleisch schichten und mit restlicher Sauce begiessen.

VARIANTE Alle Salatzutaten, ohne Eier, in gleichmässig grosse Stücke schneiden. Mit der Sauce mischen. Eierscheiben darauf legen.

Honig-Ente auf Tomaten

Für 4 Personen

2 Entenbrüstchen à ca. 220 g
1 Knoblauchknolle
¼ TL Ingwerpulver
ca. ¼ TL Pfeffer aus der Mühle
ca. ½ TL Meersalz
3 EL Honig z. B. Waldhonig
2 EL Aceto balsamico bianco
3–4 Tomaten vollreif
50 g Green-Power-Sprossen
oder Kresse

Zubereitung ca. 15 Minuten
+ ca. 20 Minuten braten Pro Person
ca. 23 g Eiweiss, 19 g Fett, 18 g Kohlenhydrate, 1400 kJ/330 kcal

VORBEREITEN Backofen auf 200 °C vorheizen. Ein Blech miterwärmen. Entenbrüstchen auf der Fettseite einschneiden, ohne in das Fleisch zu schneiden. Knoblauch waagrecht halbieren. Ingwer, Pfeffer, Salz und 2 EL Honig mischen. Fleisch rundum, Knoblauch auf der Anschnittseite mit dem gewürzten Honig bestreichen.

ZUBEREITEN Fleisch und Knoblauch auf das vorgewärmte Blech legen. In der Ofenmitte 7–8 Minuten anbraten. Ofentemperatur auf 160 °C reduzieren. Entenbrust weitere 12 Minuten fertig braten. Vor dem Tranchieren 5 Minuten in Alufolie gewickelt ruhen lassen. Knoblauch aus der Schale drücken und klein schneiden. Für die Sauce den Bratsatz samt Entenfett vom Blech in eine Schüssel giessen. Mit restlichem Honig und Essig mischen. Knoblauch beigeben, salzen und pfeffern.

SERVIEREN Tomaten in feine Scheiben schneiden und auf flachen Tellern auslegen. Sprossen oder Kresse darüber streuen. Fleisch in feine Tranchen schneiden und darauf anrichten. Alles mit Sauce beträufeln. Mit frischer Baguette servieren.

Impressum

Herausgeber: Verlag Saisonküche
Konzept, Rezepte, Fotos: Saisonküche
Layout: Silvan Meier
Druck: +siggset+ print & media AG

Das vorliegende Buch ist sorgfältig erarbeitet worden. Dennoch erfolgen
alle Angaben ohne Gewähr. Weder AutorInnen noch Verlag können für
eventuelle Fehler oder Schäden, die aus den in diesem Buch gegebenen
praktischen Hinweisen resultieren, eine Haftung übernehmen.